0

cero

zero

10

diez

dez

20

veinte

vinte

30

treinta

trinta

40

cuarenta

quarenta

50

cincuenta

cinquenta

60

sesenta

sessenta

70

setenta

setenta

80

ochenta

90

noventa

100

cien

1000

mil

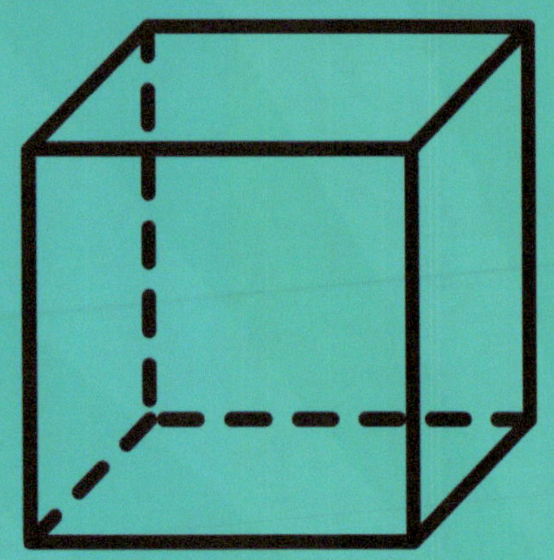

cubo

cubo

bloque de juguete

bloco

cubo de hielo

cubo de gelo

caramelo

caramelo

azúcar

açúcar

dados

dados

caja de regalo

caixa de presente

caja de cartón

caixa de papelão

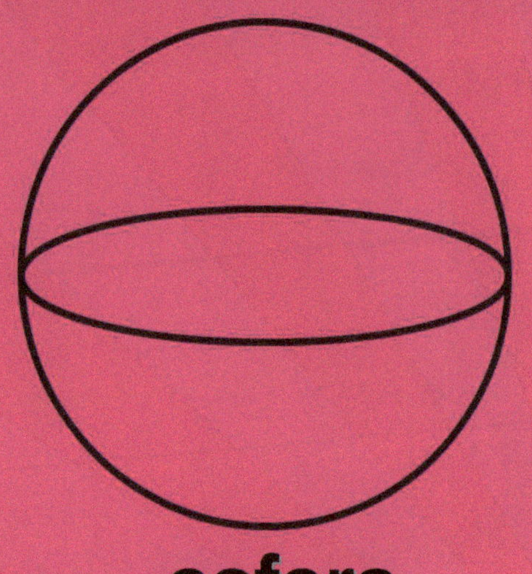

esfera

esfera

cuchara para helado

colher de sorvete

perla

pérola

burbuja

bolha

canicas

mármores

bola de nieve

bola de neve

planeta

planeta

pelota de tenis

bola de ténis

cilindro

cilindro

tubo

tubo

baterías

baterias

carrete de hilo

carretel de linha

canela

canela

rodillo

rolo da massa

salchicha

salsicha

paca de heno

fardo de feno

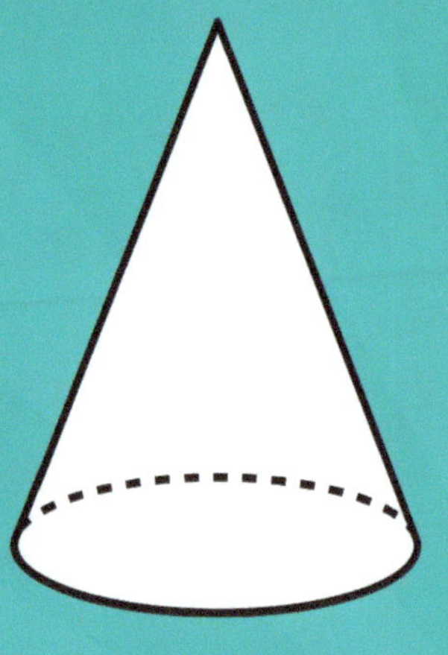

cono

cone

cono de tráfico

cone de trânsito

cono de helado

cone de gelado

sombrero de bruja

chapéu de bruxa

mazmorra

calabouço

abeto

abeto

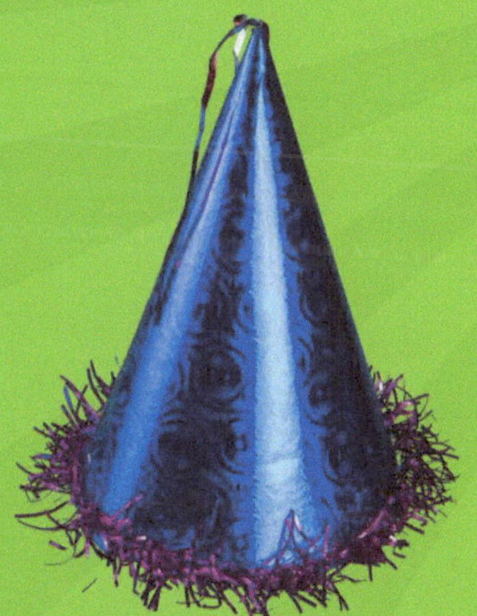

sombrero de fiesta

chapéu de festa

caracol

caracol

mora

amora

grosella

groselha

clementina

clementina

durián

durião

fruta del dragón

pitaia

yaca

jaca

carambola

carambola

espárragos

espargos

rábano

rabanete

frijol rojo

feijão-vermelho

nabo

nabo

mandioca

mandioca

ñame

inhame

garbanzos

grão-de-bico

águila

águia

murciélago

morcego

castor

castor

flamenco

flamingo

cuervo

corvo

mirlo

melro

herrerillo azul

chapim-azul

urraca

pega

golondrina

andorinha

alondra

cotovia

periquito

periquito

pájaro carpintero

pica-pau

pavo real

pavão

loro

papagaio

tucán

tucano

cigüeña

cegonha

coral marino

coral

anémona de mar

anémona-do-mar

erizo de mar

ouriço-do-mar

caballito de mar

cavalo-marinho

pez payaso

peixe-palhaço

pez dorado

peixinho dourado

cangrejo

caranguejo

cangrejo ermitaño

caranguejo eremita

delfín

golfinho

narval

narval

pulpo

polvo

calamar

lula

tiburón ballena

tubarão-baleia

orca

orca

ballena azul

baleia azul

ballena beluga

baleia-beluga

tiburón martillo

tubarão-martelo

tiburón blanco

tubarão-branco

tiburón limón

tubarão-limão

tiburón tigre

tubarão-tigre

saltamontes

gafanhoto

oruga

lagarta

escorpión

escorpião

lagarto

lagarto

dinosaurios

dinossauros

pelo negro

cabelo preto

pelirrojo

cabelo ruivo

pelo castaño

cabelo castanho

pelo rubio

cabelo louro

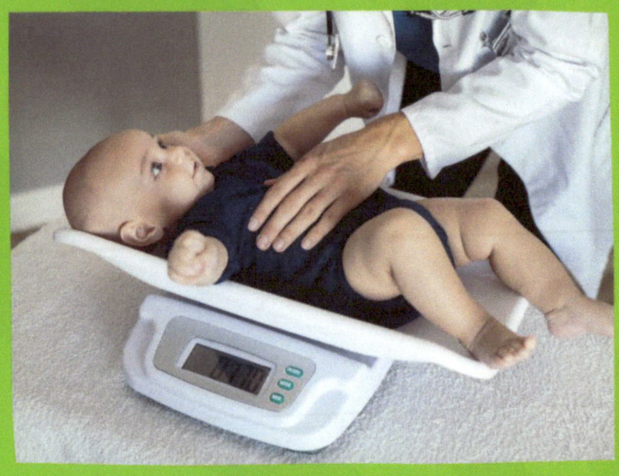

báscula

balança

hospital

hospital

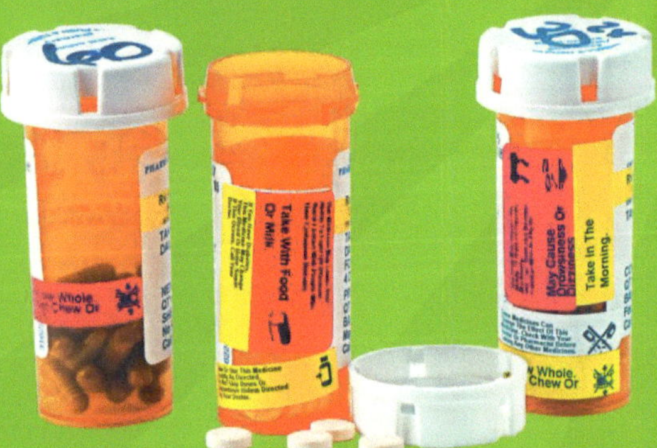

medicina

medicina

termómetro

termómetro

vendaje

ligadura

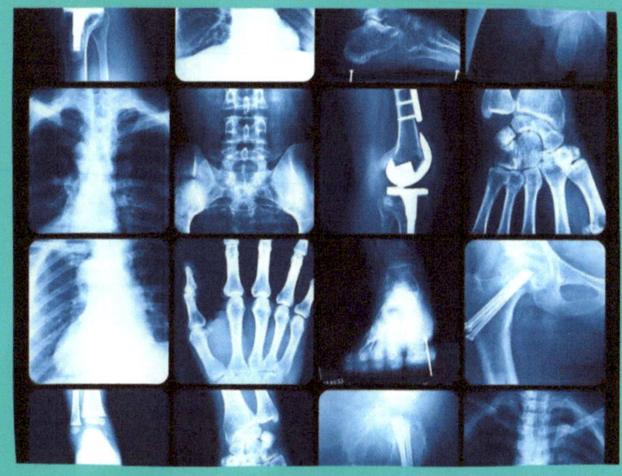

radiografía

raio-x

doctor

médico

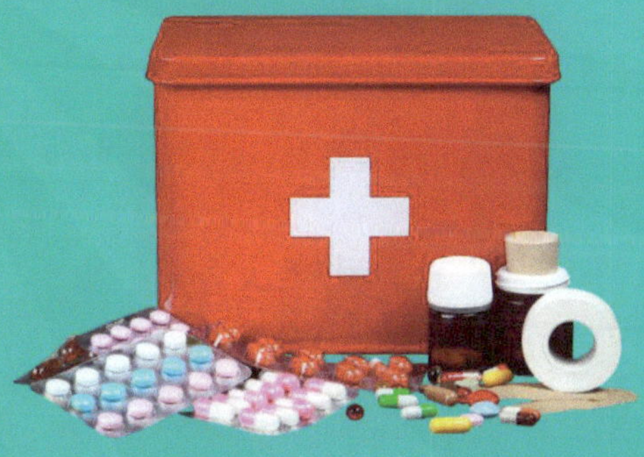

kit de primeros auxilios

kit de primeiros socorros

jugar

jogar

dibujar

desenhar

contar

contar

escribir

escrever

baile

dança

natación

natação

esquí

esquiar

baloncesto

basquetebol

tenis

ténis

ping pong

pingue-pongue

fútbol

futebol

equitación

passeios a cavalo

hockey sobre hielo

hóquei no gelo

judo

judo

boxeo

boxe

carrera

corrida

béisbol

basebol

grillo

críquete

rugby

rúgbi

voleibol

voleibol

maracas

maracas

pandereta

pandeireta

xilófono

xilofone

violín

violino

piano

piano

guitarra

guitarra

violonchelo

violoncelo

arpa

harpa

tambor

tambor

djembé

djembe

batería

bateria

trompeta

trompete

trompa

trompa

saxofón

saxofone

flauta

flauta

auriculares

auscultadores

cantar

cantar

partitura

partitura

micrófono

microfone